Articolul ştiinţific în economie: de la scriere la publicare

Mihai Mutaşcu

ISBN-10: 1530608198
ISBN-13: 978-1530608195

Dedicație

Annei-Marie și părinților mei.

Cuprins

Preambul

Cartea de faţă se adresează în special tinerilor cercetători, debutanţi, din România, dedicaţi cercetării economice (e.g. masteranzi de cercetare, doctoranzi şi post-doctoranzi), dar şi oricăror persoane, din mediul academic sau nu, deopotrivă.

Materialul nu se doreşte sub nici o formă de a fi unul eminamente ştiinţific, ci se vrea a fi o scurtă "povestioară", de genul celor de la şuetele prieteneşti, despre cum trebuie să scrii şi să publici un articol ştiinţific în domeniul economic.

Ideea acestei scrieri mi-a venit atunci când am constatat pe propria-mi piele rigorile publicistice internaţionale ale marilor edituri ale lumii, rigori pe care, din nefericire, nu am avut ocazia să mi le însuşesc prin training-uri de-a lungul carierei mele universitare în ţară (probabil, acest fapt reprezintă una dintre nenumăratele carenţe ale cercetării româneşti economice).

Multe din reflecţiile aşezate în rândurile de faţă sunt rezultatul propriei experienţe publicistice, dar şi a zecilor de feed-back-uri primite de la colegii mei, din ţară şi din străinătate. O bună experienţă am acumulat, de asemenea, şi în calitatea mea de Editor al revistei ştiinţifice "Economic Research Guardian".

Structura pe care am propus-o cărţii este rezultatul răspunsului la o întrebare legitimă pe care eu, întorcându-mă în timp, aş fi adresat-o, frământat de chestiune: cum să scriu şi să public un bun articol ştiinţific în economie? M-am gândit aici că răspunsul ar fi secvenţial, pornind de la ceea ce trebuie să cercetez şi până la faza de publicare a articolului, cu parcurgerea tuturor "furcilor caudine" aferente.

Fără a descuraja însă pe nimeni, chiar dacă există un fond teoretic şi empiric solid, publicarea într-o revistă internaţională de top poate dura în medie de la 2 la 3 ani (în cel mai fericit caz 1 an!) sau poate să fie sortită eşecului în mod definitiv la acest nivel. În ultima situaţie, evident una de nedorit, pentru a exploata totuşi rezultatele cercetării, standardul de calitate al revistelor vizate trebuie să fie diminuat gradual.

În final, nădăjduiesc că lectura nu vă va plictisi şi că povestioara mea, redactată la persoana a II-a singular, despre cum să scrii şi să publici un articol ştiinţific în economie vă va fi destul de utilă tuturor în cariera ştiinţifică.

Mihai Mutaşcu,

15 Martie 2016

Introducere

Importanţa publicaţiilor ştiinţifice în cariera academică este una care nu poate fi pusă la îndoială de vreme ce principala condiţie pentru ocuparea unei poziţii de predare sau de cercetare este cea a calităţii ştiinţifice.

Negocierea unei poziţii academice şi remunerarea acesteia au ca şi argument de forţă vizibilitatea ştiinţifică a candidatului, în special cea internaţională, şi nu numai veleităţile de bun pedagog. Orice instituţie serioasă analizează candidatul şi prin prisma avantajelor pe care acesta le-ar putea oferi prin recrutare: colaborări internaţionale, experienţă în organizarea de conferinţe, background editorial, capacitatea de a coagula echipe de cercetare etc.

Pe scurt, este vorba de prestigiu științific! De exemplu, Princeton University este cunoscută prin absolvenții săi de elită, dar și prin faptul că acolo a activat o perioada de timp Einstein, dar nu ca și cadru didactic de predare, ci ca eminent cercetător. Din contră, se pare ca era o catastrofă la predare. La aceeași universitate, în mod asemănător, se poate povesti și despre laureatul Premiului Nobel pentru Economie din 1994, pentru teoria jocurilor, John Forbes Nash.

Deși multe voci blamează și încearcă să minimizeze rolul cercetării științifice, la majoritatea instituțiilor de învățământ și de cercetare din străinătate de prestigiu, aceasta joacă un rol esențial în viața comunității academice respective. Ideea este tocmai aceea că rezultatele cercetării pot fi inserate în cursurile predate studenților astfel încât aceștia să fie în pas cu tot ceea ce este inovator în domeniu.

Maximizarea numărului de publicații de calitate nu ține exclusiv numai de veleitățile cercetătorului, ci și de strategia acestuia de publicare.

Fără o strategie de publicare coerentă, de multe ori, în pofida calității și muncii intense depuse, rezultatele se lasă așteptate să apară sau dacă apar acestea sunt modeste. Mai periculos este faptul că aceste eşecuri vor avea un efect de "bumerang" şi se vor răsfrânge nefast asupra moralului cercetătorului, mai ales asupra celor din generaţiile mai tinere. În foarte multe cazuri, persoane cu perspective excelente ajung să capoteze şi să urmeze cu totul alte direcţii în carieră.

Deşi multe din "meandrele" strategiei de publicare se "fură" pe parcursul carierei sau se capătă prin propria experienţă, nu trebuie neglijate însă nici scrierile care oferă idei şi sfaturi în acest sens.

Despre topic şi titlu

Atunci când te hotărăşti să cercetezi şi să publici în sferă economică, primele nedumiriri pe care le ai sunt legate de tematica pe care trebuie să o abordezi şi de alegerea titlului adecvat, astfel încât manuscrisul tău să fie bine primit de publicul cititor, dar, în acelaşi timp, să îţi maximizeze şi şansele de publicare într-o revistă de prestigiu. Evită să te ghidezi după propriile intuiţii, în baza "ştiu eu mai bine", căci de cele mai multe ori greşeşti.

Topicul

În foarte multe situaţii topicul de cercetare este un compromis născut fie din dorinţa de aţi asigura cantitativ vizibilitatea publicistică, prin

care CV tău să devină impresionant, fie din
"restricţiile" care îţi sunt impuse de context (e.g.
dorinţa obsesivă a coordonatorului de doctorat,
grantul de cercetare în care eşti implicat,
coordonatele trasate de advisor în perioada
post-doctoratului, strategia de cercetare a
instituţiei la care eşti afiliat etc.).

În primul caz, goana după numărul de publicaţii
este o caracteristică generală a sistemelor
educaţionale şi de cercetare în care poziţiile
academice se ocupă după criterii cantitative, cu
efecte extraordinar de benefice pe termen scurt.
Pe termen lung, însă, bulimia publicistică, de cele
mai multe ori de proastă calitate ca urmare a
unei densităţi mari de publicaţii în perioade
scurte de timp, este nefastă şi imposibil de
corectat ulterior. Urmele sunt ireversibile în CV
tău, iar exploatarea unor oportunităţi favorabile
de-a lungul carierei tale primeşte apelativul
"imposibil".

În cel de-al doilea caz, limitările date de context
sunt un rău necesar cu care trebuie să te
obişnuieşti şi chiar să te resemnezi.

Însă, dacă totuşi reuşeşti să faci faţă celor două
tare, alegerea unui bun topic în care să lucrezi
presupune cunoaşterea câtorva mici trucuri.

Primul truc este să identifici pulsul literaturii economice recente, așa cum aceasta rezultă din articolele publicate în marile reviste de specialitate. Este unanim acceptat faptul că există astfel de reviste de top recunoscute internațional. Diferite ranking-uri sunt oferite în acest sens de către o serie de organisme internaționale (e.g. Thomson Reuters), agenții guvernamentale (e.g. AERES sau CNRS în Franța, UEFISCDI în România) sau chiar instituții de cercetare (e.g. Tinbergen Institute).

Lecturând "a la long" cuprinsul respectivelor reviste, este foarte ușor de identificat, pe domeniul tău de cercetare, care este "moda" momentului, cu topic-urile predilecte. Ferește-te aici de a contoriza edituri obscure și focalizează-te pe cele mari: Berkeley Electronic Press, Cambridge University Press, Emerald, Oxford University Press, Routledge, Sage, Springer, Taylor & Francis, Wiley etc.

Orice încercare de a ieși din aceste canoane poate să genereze eșecuri nedorite. Gândește-te! Este greu de presupus că vei putea forma tu "un nou segment de piață" (i.e. un nou topic), mai ales dacă ești la începutul carierei și/sau instituția la care ești afiliat este mai puțin cunoscută, ca să nu spunem anonimă. Da, miracole există, însă mai rar!

Al doilea truc este să te ghidezi după titlurile articolelor prezentate la conferinţe, simpozioane, work shop-uri, lecture-uri, seminarii de laborator sau alte asemenea manifestări de diseminare a rezultatelor cercetării. Poţi astfel obţine informaţii foarte importante despre "trendul" publicistic, deoarece majoritatea comunicărilor vor fi în final publicate. Tot ceea ce identifici aici este în strânsă corelaţie cu ceea ce se publică în marile reviste, respectivele prezentări fiind etape normale şi premergătoare publicării. În consecinţă, o mare atenţie trebuie acordată participării la astfel de manifestări, dar şi modului de selecţie a acestora. Evită pe cât posibil manifestările ştiinţifice pluri şi ultra-disciplinare, cele cu fee-uri exagerate şi care abundă în programe sociale, cele care propun publicări de tip CD sau conference proceeding cu diverse forme de indexare, cele cu keynote speakers anonimi, cele cu bord-uri ştiinţifice eminamente naţionale şi membri modeşti sub aspect publicistic (i.e. poţi verifica probitatea lor profesională verificându-le pe internet lista de publicaţii şi modul în care articolele se regăsesc în categoriile editoriale amintite anterior), precum şi cele organizate de instituţii obscure sau care gestionează în paralel mai multe conferințe din varii domenii ale cercetării. Chiar dacă nu participi cu un paper, focusează-te pe conferințele organizate de universități celebre (i.e. vezi aici nenumăratele ranking-uri internaționale) și de organisme sau asociații de cercetare recunoscute (e.g. American Economic Association, American Marketing Association, International Atlantic Economic Association, International Institute of Public Finance, Public Choice Society, Royal Economic Society etc.).

Al treilea truc este să exploatezi noutățile din sfera instrumentelor și metodelor de cercetare (i.e. mă refer aici cu predilecție la econometrie și modelarea matematică). Îți poți crește simțitor șansele de publicare dacă, chiar pe un topic ultra exploatat, aduci rezultate noi, obținute cu instrumente de cercetare de ultimă oră. Aici însă trebuie să ai o bună cunoaștere a econometriei și modelării matematice, dar și a utilizării avansate a unor software-uri de econometrie și de statistică economică (e.g. Matlab, R, STATA, EViews, Gauss, Gretl, Rats, TSP, SPSS etc.). Noutățile în materie de tools-uri de cercetare se "fură" din revistele de specialitate de top (e.g. Econometrica, Econometric Theory, Journal of Econometrics, Econometric Reviews etc.) și se transpun în limbajul cod al software-ului utilizat.

Al patrulea truc este conex cu cel anterior şi vizează "împrumutarea" în sfera cercetării economice a unor instrumente de cercetare specifice altor ramuri ştiinţifice. Singura problemă cu care te poţi confrunta în acest caz este scepticismul editorului sau, mai probabil, conservatorismul lui. Practic, este vorba de focalizarea pe topic-uri ultra-exploatate însă prin utilizarea unor instrumente şi metode specifice altor ramuri de studiu. De pildă, în ultimii ani, o extindere în sfera cercetării economice au căpătat-o metodele din domeniul modelării frecvenţei sau a celor care îmbină şi timpul şi frecvenţa, cum este spre exemplu wavelet-ul. Wavelet-ul a fost dezvoltat de Morlet şi Grossmann în anii '80 şi este specific cercetărilor din domeniul geofizicii, procesării imaginii, medicinii şi astronomiei.

Al cincilea truc este să localizezi şi să exploatezi principalele evoluţii economice, naţionale sau internaţionale, care prin amploare şi complexitate ies din tiparele normale (e.g. criza zonei euro, criza Greciei, criza datoriilor publice etc.). Nu în ultimul rând, o mare atenţie trebuie să acorzi şi contextului geo-politic internaţional (e.g. migraţia fără precedent din ultimii ani din Europa, războaiele din lumea arabă, conflictul din Ucraina, presiunile secesioniste din Quebec,

Catalonia și Scoția etc.). Oricare din exemplele enumerate poate constitui un bun topic de urmat, iar majoritatea dintre acestea pot fi urmărite în mass-media, scrisă și audio-vizuală.

Al șaselea truc este să îți adaptezi topicul de cercetare la diversele strategii de cercetare naționale și internaționale. Fără îndoială că acest reper este unul care nu poate fi minimizat deoarece, în general, fiecare țară are propria strategie de cercetare, care înglobează topic-uri bine individualizate și definite. Mai mult, există asemenea strategii de cercetare și la nivel internațional, trasate de diferite organisme sau agenții internaționale. De pildă, în ultimii ani, topic-uri din sfera ”ecological economics” sau ”energy economics” sunt foarte căutate și apreciate.

Ultimul truc, al șaptelea, este să apelezi la un element considerat ”exotic” sau ”tabu” pentru domeniul de cercetare ales. În acest caz, indiferent de metoda de investigație pentru care ai optat sau fără a considera ”trendul” domeniului, șansele de publicare sunt cu atât mai mari cu cât rezultatele tale sunt mai controversate și mai bine susținute empiric. Asemenea topic-uri fac deliciul publicului cititor însă nu îți garantează un bun status al citărilor în revistele bune (e.g. consumul de ruj şi creşterea economică, cotaţiile bursiere şi condiţiile climatice, fazele Lunii şi comportamentul economic etc.).

Titlul

Titlul articolului este consecinţa topicului ales şi trebuie să surprindă în câteva cuvinte esenţa cercetării tale. Există şi în acest caz o serie de repere după care trebuie să te ghidezi atunci când decizi forma finală a titlului.

O atenţie deosebită trebuie acordată aşa-numitelor ”running title” sau ”head title”, adică a ”titlurilor scurte”. Acestea sunt adesea cerute de foarte multe edituri, funcţionează în paralel cu titlul principal şi sunt formate din maxim 3-5 cuvinte (de regulă, includ cuvintele cheie ale articolului). Utilizarea lor este legată de nevoia de a uşura ghidarea cititorilor către articol, de a facilita utilizarea ”RSS feeds”-urilor, dar şi de a oferi suport în administrarea mai eficientă a arhivelor cu articole electronice de către edituri sau de către bazele de indexare. De regulă, ”running title”-ul apare centrat în partea de sus a articolului, pe fiecare pagină a acestuia, alături de numele autorului/lor.

Revenind la titlul principal, primul reper în stabilirea acestuia este cel al lungimii. Cele mai "eficiente" titluri trebuie să fie scurte (maxim 7-8 cuvinte) și să surprindă sugestiv, în câteva cuvinte, ideea cercetării. Numai în situații speciale poți să încalci această regulă, în general atunci când un titlu scurt nu surprinde întru totul esența articolului.

Al doilea reper este cel al clarității în exprimare. Fii pragmatic! Nu folosi cuvinte "doxe" sau "pompoase" pentru a impresiona, decât atunci când necesitatea științifică ți-o cere. Fii clar și concis, apelând la o combinație de cuvinte care să cuprindă și o parte din termenii pe care i-ai stabilit drept cuvinte cheie pentru articol. Un titlu alambicat este un pas sigur spre respingerea (eng. reject) articolului aproape la orice revistă care se respectă.

Al treilea reper este acela al specificării subiectului sau subiectelor supuse investigației (atenție, nu a topicului!). De regulă, subiectele sunt grupuri de țări, țări surprinse individual, ramuri și sectoare de activitate, companii, gospodării sau diverse categorii de persoane fizice. Regula este aceea de a indica, fie la începutul titlului, fie la finalul acestuia, subiectul targetat în analiză (e.g. "Sectorul turistic

românesc: studiu privind investiţiile hoteliere"
sau "O analiză privind economisirea în
Germania"). Des utilizată este şi sintagma "Cazul
sectorului X". Trucul "subiectului targetat" poate
să aibă şi efect revers negativ, deoarece poate
capta "nişat", adică foarte selectiv, atenţia
cititorilor.

Al patrulea reper este cel al inserării numelui
metodei utilizate în partea empirică. Fireşte, este
recomandabil să foloseşti denumirea metodei în
titlul articolului numai dacă aceasta este una
complexă sau de ultimă generaţie. Nu are nici un
sens să anunţi "cu surle şi trâmbiţe", încă din
titlu, uzitarea în secţiunea empirică a unei
metode banale. Ideea este să captezi atenţia
cititorului prin denumirea metodei care dacă
este eminamente noua conferă un plus de
interes.

Al cincilea reper este cel al specificării perioadei
supuse cercetării. De cele mai multe ori, un
interes particular îl au numite intervale de timp
de care sunt legate diferite evenimente sau
evoluţii economice. În plus, lipsa din titlu a
orizontului de timp conduce la o diluare a
interesului cititorului care renunţă, adeseori din
lipsă de timp, să mai răsfoiască articolul în
fixarea temporală a perioadei de analiză.

Al șaselea reper notabil este cel al utilizării construcțiilor interogative. Titlul de tip "interogare" reprezintă o formă aparte care indiferent de topic va capta atenția cititorului, căci cu siguranță cel care lecturează va încerca să afle răspunsul la întrebarea propusă de autor. În acest caz, firește, tu trebuie să te asiguri că o poți oferi!

Al șaptelea reper îl reprezintă utilizarea drept titlu a construcțiilor exclamative care, evident, trebuie să denote un "fapt descoperit", fără echivoc și care să subsumeze concluziile articolului. Atenție în acest caz! Captivați de titlu, cititorii tăi vor aștepta să vadă demonstrații solide în susținerea rezultatelor obținute și anunțate într-o astfel de manieră. Apelează la asemenea titluri când ești absolut sigur pe raționamentele și pe demonstrațiile efectuate.

În fine, al optulea reper este corelat cu "exotismul" topicul și reprezintă, evident, o consecință a acestuia. Firește că dacă ai ales un topic considerat de majoritatea cercetătorilor "exotic" sau "tabu", acesta se va reflecta în titlul articolului tău. Fără menajamente, declară acest exotism prin cuvinte adecvate pe care, pentru a le accentua vizual, pune-le în ghilimele.

Mai reține faptul că titlul nu este "bătut în cuie"

şi orice îmbunătăţire a acestuia este mai mult decât binevenită, mai ales dacă sugestiile de corectare vin de la editori şi/sau recenzori specializaţi (eng. reviewer).

***

Fără a avea pretenţia de fi reguli, toate trucurile şi reperele prezentate, atât în cazul alegerii topicului, dar şi al titlului, îţi fac cunoscută prezenţa ca şi cercetător în economie şi te pot ajuta să îţi maximizezi şansele de publicare în reviste bune.

Lungimea articolului

După ce am clarificat topciul și am definitivat titlul articolului, provocarea următore este cea a dimensionării manuscrisului. Bine, o sa îmi spui că nu ai de unde să intuiești lungimea atâta timp cât nu știi cât de întinsă va fi cercetarea! De acord, însă înainte de toate trebuie să ai o bună imagine de ansamblu a tipologiei articolelor științifice.

Revistele de top ale lumii acceptă spre recenzare în vederea publicării (eng. submission) o serie de manuscrise, într-o largă formă tipologică, declarată concis în misiunea revistei. În principal, în sfera cercetării economice, te poți lovi de următoarele categorii de articole: nota, articolul științific, comentariul, review-ul, rezultatul preliminar sau erata.

1/ Nota (eng. note sau short-paper) este o formă de articol care se caracterizează printr-o dimensiune redusă, de regulă fără a se depăşi 6-7 pagini în total (la unele edituri sunt exceptate anexele şi/sau apendicele). În cazul acestor articole, concentrarea de idei pe pagină este foarte mare, recomandându-se pragmatism şi claritate în scriere. Sub nici o formă nu încerca să depăşeşti pragul impus de revistă căci respingerea este iminentă!

2/ Articolul de cercetare (eng. research paper) este forma clasică a unui articol, care are o întindere mai mare de 7-8 pagini, putând să ajungă în unele cazuri şi la peste 25-28 de pagini (exclusiv, anexele şi apendicele). Adesea lungimea optimă îţi este sugerată de editor şi va trebui respectată cu sfinţenie! Nu încerca să forţezi nota pentru că ai toate şansele ca manuscrisul să fie respins. În cel mai bun caz primeşti o a doua dar şi ultimă şansă, cerându-ţi-se să îţi redimensionezi manuscrisul în conformitate cu regulile revistei. Fireşte, orice articol de cercetare poate fi recalibrat astfel încât să devină o notă. În acest caz, ajustările nu trebuie să afecteze esenţa concluziilor.

3/ Comentariul (eng. comment) este un articol foarte scurt, de maxim 2-3 pagini, în general fără o structură bine individualizată, a cărui particularitate rezidă în faptul că autorii comentează un articol deja publicat de către alți autori. De cele mai multe ori comentariile reprezintă critici aduse rezultatelor, la care, în unele situații, autorii comentariului pot să sugereze soluții pentru îmbunătățirea acestora sau pot propune chiar noi direcții de cercetare.

4/ Review-ul sau survey-ul este o formă de articol a cărei denumire este consacrată în limba engleză și a cărei întindere este în medie de 10-15 pagini (inclusiv lista cu referințe bibliografice). Acest gen de articol sumarizează și recenzează literatura de profil dintr-un anumit topic, scoțând în evidență principalele curente de gândire și punctele de cotitură teoretice. Evident, review-ul se bazează pe articole deja publicate și nu are menirea de a oferi noi rezultate sau noi metode de cercetare. Recomandabil este ca astfel de manuscrise să abordezi un pic mai încolo, adică atunci când ai deja o anumită experiență publicistică. Practic, după o rutină consumată cu articolele de cercetare, ai putea să te apleci spre articolele de tip review. Nu uita că anumite reviste publică eminamente numai review-uri, numindu-se în acest caz review journals.

Review-ul este o specie de articol a cărui

redactare necesită o mare capacitate de sinteză şi o experienţă profesională deosebită.

5/ Rezultatul preliminar (eng. preliminary result) este un articol, în general de mărimea unei note, a cărui scop este mai mult informativ, de a anunţa obţinerea anumitor rezultate preliminarii. Majoritatea rezultatelor preliminarii vor lua forma articolelor de cercetare după ce rezultatele vor fi validate şi definitivate. În plus, acest gen de articol mai permite autorului să îşi protejeze ideile şi rezultatele preliminarii ale cercetării prin prisma drepturilor de autor.

6/ Erata (eng. erratum) este o formă de articol, de regulă care nu depăşeşte 2-3 pagini, prin care autorul sau editorul aduce corecţii sau lămuriri la un articol deja publicat în aceeaşi revistă. Eratele apar atunci când fie autorul a constatat faptul că rezultatele sunt greşite sau necesită lămuriri suplimentare, fie editorul consideră, de multe ori la sesizarea cititorilor, că trebuie aduse anumite ajustări care nu sunt din culpa autorului.

Pe lângă aceste categorii de articole, marile reviste ale lumii mai practică două forme de articole, care în esenţă nu sunt altceva decât articole de cercetare însă cu denumiri particularizate. Aceste denumiri sunt date de modul de atragere a articolului pentru publicare. Se pot individualiza: articolul de număr special şi articolul invitat.

Articolul de număr special (eng. special issue paper) reprezintă un articol publicat într-un număr special al unei revistei, care nu este înseriat cu volumele (eng. volume) şi numerele revistei (eng. issue) şi este rezultatul unei conferinţe, simpozion sau altei manifestări ştiinţifice. De regulă, manuscrisele sunt selectate de editor sau de către un editor invitat în timpul prezentărilor. Ei invită ulterior autorii să trimită manuscrisele. Recenzia acestor articole este un pic mai laxă comparativ cu cea normală.

Articolul invitat (eng. invited paper) este un articol publicat în mod normal însă trimiterea manuscrisului în vederea recenzării se face la invitaţia expresă a editorului. De remarcat este faptul că nu există nici un „menajament" în timpul recenzării, neexistând nici o deosebire din acest punct de vedere faţă de un articol trimis spre publicare în mod clasic.

Dacă acum ai primit un răspuns cu privire la întinderea unui articol pornind de la tipologia prezentată, cu siguranţă te întrebi care dintre variante îţi aduce cel mai mare câştig.

Cu certitudine că toate sunt bune însă articolul de cercetare şi review-ul se evidenţiază în mod distinct. Comentariul are o valenţă mare în special dacă articolul ţintă (i.e. articolul comentat) aparţine unui reputat cercetător sau este publicat într-o revistă de top. La începutul carierei trebuie să îţi "încerci forţele" cu rezultatul preliminar şi nota, ca mai apoi să vizezi articolul de cercetare. La maturitatea publicistică, după ce ai publicate deja o serie de articole de cercetare, poţi să îţi pui problema de a ataca review-ul şi comentariul. Toate acestea sunt sugestii care nu au forţă de regulă dar par logice sub aspect strategic. Desigur, nu există nici o barieră de a încerca publicarea încă în faza de imaturitate profesională a unor review-uri sau comentarii, însă şansele de reuşită sunt un pic mai mici.

Scrierea

Scrierea propriu-zisă a unui articol este partea cea mai importantă în cariera unui cercetător care a acumulat deja o rezonabilă pregătire teoretică și metodologică. Publicarea unui articol într-o revistă de top nu se poate realiza decât sub astfel de auspicii. Orice demers dacă se realizează în afara celui amintit, denotă faptul că ai fost în fața unui context circumstanțial favorabil (cu alte cuvinte, ești norocos) sau revista este una nesemnificativă raportat la "lumea selectă" a cercetării economice. Fii foarte atent! Nu îți folosește la absolut nimic să ai un CV burdușit cu publicații în reviste obscure, multe dintre acestea aparținând altor domenii ale cercetării. Trebuie să știi că există la nivel internațional un grup unanim recunoscut și bine delimitat de reviste de top, unele dintre acestea nefiind neapărat regăsite în de-acum celebra bază de indexare ISI Thomson Reuters.

Ştiu că în cazul scrierii propriu-zise te frământă două chestiuni principale: structura articolului şi conţinutul fiecărei secţiuni. Sigur, în ambele aspecte, o reţetă generală nu există însă pentru că cele mai multe articole sunt articole de cercetare o să mă refer eminamente la această categorie. În final, diferite detalii vor fi date şi pentru cazul celorlalte tipologii.

Structura

Stabilirea configuraţiei unui articol este primul pas pe care trebuie să-l urmezi atunci când îţi propui să publici anumite rezultate ale cercetării tale. Evident, dacă ai background numai în şcoala autohtonă, vechile metehne îţi şoptesc să creionezi o structură arborescentă şi stufoasă în care să poţi insera liniştit celebrele concepte, noţiuni, definiţii, clasificări şi enumerări. Dacă astfel ai făcut, ai procedat totalmente greşit iar şansele de publicare într-o revistă recunoscută sunt practic 0%. Te întrebi de ce? Gândeşte-te un pic! Sunt cel puţin două explicaţii. Prima este legată de însăşi respectarea unei minime cutume metodologice în cercetare, iar cea de-a doua ţine de un important element strategic.

În acest ultim caz, editorii, pentru a asigura o recenzare unitară, preferă articolele scrise după un format standard consacrat, pe care, cu mare ușurință, îl poți identifica prin consultarea câtorva articole deja publicate.

Prin urmare, o structură clasică și, firește, orientativă a unui articol de cercetare în domeniul economic include trei părți:
- pagina de titlu;
- conținutul propriu-zis, precum și
- anexele și apendicele.

1/ Pagina de titlu este prima pagină a unui articol, indiferent de tipologie, și înglobează: titlul și/sau titlul scurt, numele și prenumele co-autorilor, incluzând afilierile și adresele profesionale ale acestora, sumarul, cuvintele cheie și codurile JEL ale articolului.

Unele edituri mai pretind scurte prezentări profesionale ale autorilor și/sau ceea ce se numesc "highlights-uri", adică propoziții sau fraze scurte (4-6 la număr), postate una sub alta, prin care să se scoată în evidență topicul, datele utilizate, metoda folosită, principalele rezultate degajate și concluzia principală. De regulă, highlights-urile înlocuiesc sumarul articolului.

În mod concret, dacă despre titlu am discutat deja, pornesc cu explicaţiile pentru celelalte elemente şi secţiuni care dau conţinut unui articol.

1a/ Nume şi prenumele, incluzând afilierile şi adresele profesionale ale co-autorilor, trebuie să cuprindă numele tuturor celor care au participat la cercetare şi la scrierea articolului, cu afilierile şi adresele profesionale aferente.

Ehe, şi aici intervine prima dilemă! Cine va fi primul co-autor? Care va fi ordinea numelor?

În general, ordinea postării numelor este o cutumă care ţine de specificitatea domeniului de cercetare însă, în economie, se acceptă unanim poziţionarea după aport. Primul autor este de regulă cel care a cules datele şi a efectuat estimările, urmat de cel care a realizat recenzia literaturii şi mai apoi, dacă este cazul, de cel care a redactat metodologia. Concluziile sunt partea articolului la care participă toţi co-autorii. A doua variantă întâlnită, este adevărat mai rar, este cea a poziţionării numelor co-autorilor în ordine alfabetică. Sub nici o formă însă nu ordonaţi numele co-autorilor după vârsta avută sau după funcţia şi gradul didactic deţinute! Deşi varianta este des întâlnită pe la noi, aceasta este profund dezavuată în ţările cu cercetare serioasă, fiind considerată uneori chiar ridicolă.

Afilierile se referă la denumirile instituţiilor sau organismelor la care fiecare co-autor activează curent sau cu care acesta are alte raporturi de apartenenţă, incluzând aici şi adresele de contact. Nu este nici un fel de problemă dacă se utilizează mai mult de o afiliere, fiind dese cazurile în care co-autorii deţin şi poziţii de cercetători asociaţi (eng. associate researcher) sau de cercetători vizitatori (eng. visiting researcher). Fiind foarte important, nu uita să furnizezi o adresă de email validă, preferabil cea profesională. Dacă însă cea profesională nu este disponibilă, preferabil ar fi ca adresa personală de corespondenţă cu editorul să fie una cu un "user" decent, care să includă numele şi prenumele tău.

1b/ Sumarul (eng. abstract) este o componentă care succede listei numelor şi afilierile co-autorilor. Mărimea lui trebuie să fie una care să nu depăşeşte câteva propoziţii scurte (optimal, 9-10 rânduri), în care să se reflecte:
- problematica abordată şi importanţa acesteia (topicul);
- subiectul targetat, perioada de analiză şi metoda de cercetare utilizată;
- principalele rezultate obţinute şi modul în care

acestea soluţionează sau clarifică problematica propusă, precum şi

- principalele concluzii ale cercetării.

Evitaţi pe cât posibil să utilizaţi în corpul de text al sumarului cifre obţinute ca rezultate, referinţe bibliografice sau formule matematice. De reţinut este faptul că există şi ceea ce se numeşte sumarul extins (eng. extended abstract), care prezintă articolul sub forma unui plan simplu, pe aproximativ 1 pagină. Această formă este cerută în general cu ocazia trimiterii articolelor la conferinţe, simpozioane sau la alte asemenea manifestări ştiinţifice.

Ca şi regulă, reţine că sumarul este ultima componentă a unui articol care se va redacta, după ce sunt definitivate rezultatele şi concluziile cercetării.

1c/ Cuvintele cheie (eng. keywords) reprezintă o înşiruire de 4-8 cuvinte sau grupuri de câteva cuvinte, strâns legată de cercetare şi care dă valenţă unor idei sau rezultate importante degajate prin aceasta. Cuvintele cheie se pot identifica uşor în topic, titlu şi sumarul articolului. Altfel spus, cuvintele cheie au menirea de a îngloba într-un "spaţiu mic" elementele esenţiale punctate de-a lungul articolului ca "spaţiu mare".

1d/ Codurile JEL (eng. JEL classification[1]) sunt o prezenţă frecventă în articolele de cercetare din domeniul economic şi permit identificarea articolelor după topicul şi domeniul de cercetare. JEL este acronimul pentru Journal of Economic Literature. Codurile JEL sunt opera Asociaţiei Americane de Economie (American Economic Association) şi cuprind litere şi cifre. Literele denotă categoria, iar prima şi a doua cifră sub-categoriile de cercetare (e.g. D62 - Externalităţi).

2/ Conţinutul propriu-zis reprezintă partea cea mai importantă a unui articol, care are o structură particularizată în funcţie de categoria de articol, după cum acesta este notă, articol de cercetare, comentariu, review, rezultat preliminar sau erată. Dată fiind importanţa majoră a conţinutului propriu-zis, despre acesta o să mă refer pe larg într-un paragraf separat.

3/ Anexele şi apendicele încheie un articol şi succed, de regulă, conţinutul propriu-zis al articolului, mai precis secţiunea de referinţe bibliografice. Aici pot fi inserate tabele, figuri, grafice, formule matematice, toate numerotate (i.e. uzual cu "A" înaintea numerotării, pentru a sugera faptul că inserarea aparţine anexelor sau

---

[1] Mai multe detalii la:
https://www.aeaweb.org/econlit/jelCodes.php

apendicelui). Toate inserările trebuie să fie obligatoriu anunţate în text!

În foarte multe situaţii, între conţinutul propriu-zis şi anexe se interpune ceea ce poartă denumirea generică de "mulţumiri" (eng. acknowledgements).

Mulţumirile denotă 2-3 rânduri redactate de autor prin care acesta îşi exprimă gratitudinea faţă de toţi cei care au participat indirect la conturarea articolului, menţionându-le numele. De regulă, ordinea postării numelor se face în funcţie de aportul fiecăruia la îmbunătăţirea articolului. Aportul se referă la idei, comentarii, observaţii, remarci, coduri software oferite etc. Tot aici, în mulţumiri, autorul mai poate să-şi asume şi faptul că orice greşeli sau omisiuni îi aparţin în exclusivitate. Unele reviste pretind şi postează mulţumirile chiar în pagina de titlu a articolului.

Conţinutul propriu-zis

Conţinutul propriu-zis reprezintă corpul principal de text al articolului, aici fiind contorizată o bună parte din travaliul de cercetare. Dacă textul este redactat în limba engleză, trebuie să te obişnuieşti să fi scurt şi concis în exprimări şi să eviţi frazele interminabile şi alambicate. Fii foarte atent la anumitele traduceri de noţiuni şi concepte care de cele mai multe ori în limba engleză au o formă consacrată (e.g. presiune fiscală - tax burden şi nu fiscal pressure sau politică fiscală - tax policy şi nu fiscal policy).

Aşa cum spuneam, conţinutul propriu-zis diferă după cum articolul este notă, articol de cercetare, comentariu, review, rezultat preliminar sau erată.

Nota, articolul de cercetare şi rezultatele preliminarii au, mai mult sau mai puţin, cam aceeaşi structură.

Conţinutul notei, articolului de cercetare şi rezultatelor preliminarii

Reiterez faptul că nota, articolul de cercetare şi rezultatele preliminarii au cam aceeaşi structură, diferenţele dintre acestea fiind date în general numai de lungime. Pentru simplificare, o să descriu conţinutului propriu-zis pentru aceste forme de articole referindu-mă la articolul de cercetare.

Uzual, conţinutul unui articol de cercetare

înglobează:
- introducerea;
- literatura;
- datele şi metodologia;
- rezultatele şi
- concluziile.

1/ Introducerea (eng. introduction) este prima secţiune a unui articol de cercetare, cu o întindere medie de 2-4 pagini. Această secţiunea are o importanţă majoră deoarece prezintă cele mai notabile aspecte ale articolului.

Construcţia de debut a "Introducerii" poartă denumire de "frază de atac" şi are menirea de a anunţa importanţa topicului pentru care s-a optat, punând în gardă cititorul cu privire la cercetarea efectuată şi la contextul de cercetare general la care se raportează.

Urmează apoi o parte descriptivă, în care sunt prezentate evolutiv şi analitic, pe scurt, principalele curente de gândire teoretică aferente topicului, precizându-se şi principalii reprezentanţi ale acestora. Sub nici o formă nu introdu aici definiţii şi concepte banale şi ultra cunoscute, clasificări foarte stufoase, caracteristici etc.

La nivelul unui articol de cercetare nu se mai

pune problema unor astfel de explicaţii căci publicul cititor este unul deja experimentat. În plus, evită utilizarea liniuţelor în cazul clasificărilor şi marşează pentru formule de genul (i), (ii), (iii)... sau (a), (b), (c)... ş.a.m.d.

Progresiv, se va opta pentru ceea ce se numeşte, mai în glumă, "pâlnia", adică pe măsură ce avansezi la partea descriptivă, va trebui să te apropii de topicul cercetat în articol (i.e. mergi de la general la specific). Cu alte cuvinte, trebuie să convergi "teoretic" spre topicul tău.

După fixarea componentei teoretico-descriptive, urmează ilustrarea, în contextul acesteia, a topicului şi scopului cercetării tale, cu accent pe subiectul/ele ţintă şi perioada analizată. Nu uita aici să arăţi de ce subiectul/ele ţintă este important pentru literatura de profil şi de ce este interesant să fie investigat. Pentru argumentare, poţi utiliza scurte analize de context, utilizând indicatori sintetici (preferabil prezentaţi în tabele şi grafice), dar şi diferitele poziţii ale unor ţări sau organisme internaţionale privind importanţa subiectului/lor. Nu în ultimul rând, poţi apela la referinţe bibliografice în text, invocând numele unor autori consacraţi care au deja contribuţii importante în topicul şi pe subiectul targetate de tine. Referinţele bibliografice în text apar de regulă standardizat, în funcție de stilul revistei în care vrei să îți diseminezi rezultatele (e.g. Taylor, 2011 sau Buchanan (1986)).

Evită pe cât posibil să foloseşti ca şi surse bibliografice articolele nefinalizate (eng. working paper) sau cele care au fost prezentate la manifestări ştiinţifice, deoarece acestea nu au probitate ştiinţifică recunoscută, rezultatele fiind în curs de validare. Separat, poți apela şi la citate, adică la preluarea unor corpuri de text aşa cum acestea au fost scrise de autor.

Atenție! Utilizarea citatelor trebuie să fie temperată, postarea ghilimelelor la un text preluat de la un alt autor fiind obligatoriu însoțită de precizarea numelui, anului şi a paginii. Nu prelua sub nici o formă mai mult de o propoziție de 1-3 rânduri! Nu poți avea citate de fraze întregi! Dacă faci aşa ceva, în pofida ghilimelelor puse, poți fi acuzat de plagiat! Citatul are mai mult rol demonstrativ, atunci când nu se doreşte alterarea înțelesului dat de autorul original.

Perioada analizată necesită şi aceasta să fie motivată, pentru a se sublinia de ce intervalul ales este unul interesant. Nu te lamenta dacă analizezi perioade mai vechi de timp. Trebuie doar să ai o explicație pertinentă și în acord cu contextul general de cercetare în care se înscrie topicul tău.

După acest pasaj, va trebui să arăți principalele concluzii obținute, cu precizarea instrumentului de analiză utilizat. Firește, partea aceasta va fi redactată la final, ca și sumarul, adică după ce rezultatele și concluziile sunt definitivate.

Spre finalul secțiunii, nu uita o parte crucială: contribuția articolului la literatura de profil. Precizează aici care sunt principalele contribuții aduse de articol literaturii, referindu-te la noutatea rezultatelor, la calitatea datelor utilizate, la metoda de cercetare vizate etc. Dacă articolul tău nu aduce nimic nou, atunci cu siguranță nu este o „cercetare" autentică!

Secțiunea "Introducere" se încheie cu o scurtă prezentare a structurii articolului, de maxim 1-2 rânduri.

2/ Literatura (eng. literature) este cronologic a doua secțiune a unui articol de cercetare, urmând ca și ordine secțiunii de "Introducere".

Aceasta este de fapt o dezvoltare a părții teoretico-descriptive din introducere, care va reliefa pe larg și analitic principalele puncte de cotitură teoretică. Fii pregătit să dai detalii aici despre: munca de pionierat în domeniu, principalele teorii existente şi promotorii acestora, importanţa luptelor de idei existente, studiile empirice existente şi aşteptările tale în raport cu topicul cercetat şi, de ce nu, principalele ipoteze de lucru. Mulţi autori tranşează problematica studiilor empirice existente adăugând prezentării şi grupări ale contribuţiilor identificate, pe subiecte ţintă şi pe metode de analiză, apelând adeseori la forma tabelară de ilustrare.

Separat, dedică un loc special pentru literatura aferentă strict subiectului ţintit de tine, urmând aceleaşi coordonate ca şi mai sus. Este important să te poziţionezi faţă de ceea ce s-a scris pe topicul şi subiectul targetate. Cu cât s-a scris mai puţin, cu atât este mai bine pentru tine deoarece vei fi unul dintre pionierii care vor contura, în stadiu incipient, literatura de profil.

3/ Datele şi metodologia (eng. data and methodology) reprezintă o secţiune cu două secvenţe ce urmează literaturii: prima secvenţă este aferentă prezentării datelor, iar cea de-a doua este rezervată descrierii metodologiei de cercetare pentru care s-a optat.

Datele se prezintă concis, insistându-se pe modul

în care seriile au fost colectate. În mod obligatoriu, va trebui să specifici, pentru fiecare serie în parte: rațiunea selectării acesteia, denumirea, unitatea de măsură, scala de intensitate și legătura cu conținutul indicatorului, orizontul de timp, frecvența și sursa seriei. Este foarte important să utilizezi serii a căror calitate nu poate fi pusă la îndoială, furnizate de agenții oficiale de statistică, organisme internaționale sau companii de profil cu notorietate în domeniu. Este obligatoriu, de asemenea, să te referi și să prezinți toate ajustările pe care le aduci seriilor, argumentând necesitatea respectivelor intervenții (e.g. mod de calcul, ajustări sezonale, staționarizări, corectări de trend, normalizări etc.). În multe cazuri, autorii prezintă teoretic și metodele de corectare urmate, dacă se consideră că acestea au un nivel de complexitate mai ridicat.

Urmează partea de metodologie la care, în debut, se precizează relația care se testează. Dacă există o formalizare matematică, atunci este obligatoriu să prezinți ecuațiile care dau formă modelului construit.

Mai departe, se descrie metoda de investigație pentru care s-a optat, se specifică cui aparține și de ce aceasta este potrivită demersului tău de cercetare. Foarte important este şi faptul de a arăta plusul adus rezultatelor cu metoda selectată faţă de rezultatele obţinute cu alte instrumente de investigaţie. Cu alte cuvinte, trebuie să subliniezi de ce metoda folosită de tine este superioară celor care au fost uzual folosite în literatură (i.e. avantajele metodei).

Dacă ai optat pentru estimări econometrice şi utilizezi variabile de control, nu uita să prezinţi acele variabile, să le descrii în detaliu şi, foarte important, să argumentezi selecţia lor. Pentru motivare, evident, apelează aici la literatura de profil.

Pasul următor este cel în care arăţi care sunt intuiţiile tale în ceea ce priveşte rezultatele. Adică, trebuie să ai o poziţie cu privire la ceea ce te aştepţi să rezulte din analiză, fireşte, în strânsă concordanţă cu literatura (e.g. în cazul analizelor econometrice, specifică ce semne te aştepţi să aibă coeficienţii variabilelor utilizate).

4/ Rezultatele relevă transpunerea practică a secţiunii anterioare. Aici sunt ilustrate principalele "output-uri" obţinute în urma cercetării.

În prima parte, dacă ai avut nevoie şi de o analiză de date, prezintă rezultatele testelor întreprinse.

Cel mai elocvent este să apelezi la folosirea tabelelor, figurilor sau graficelor. Nu încărca tabelele cu informaţii nerelevante şi dă toate detaliile necesare pentru ca cititorii să înţeleagă cât mai uşor ceea ce ai făcut. Numerotează toate tabelele, nu uita să dai titlu acestora şi să le anunţi în text. Sub tabele poţi adăuga "note" atunci când sunt necesare explicaţii care ajută la interpretarea rezultatelor.

Un bun exemplu este tabelul de mai jos (Tabelul 1):

Tabelul 1: Rezultatele testului VIF

Variabile/test	VIF	1/VIF
PIB	4.05	0.247145
Balanţa de plăţi	2.59	0.385561
Mărimea sectorului industrial	2.41	0.415257
Nivelul de corupţie	2.21	0.451908
Rata inflaţiei	1.17	0.858316
...	...	...
Mean VIF	2.05	

Notă: VIF reprezintă "variance inflation factor".

După analiza datelor, se trece la prezentarea rezultatelor propriu-zise, unde, în mod gradual, se descriu în detaliu principalele informaţii degajate. Şi aici foloseşte pentru ilustrare tabelele, figurile sau graficele.

După ilustrări, arată în ce măsură rezultatele tale confirmă sau nu rezultatele din literatură. Dacă apar rezultate interesante, nu ezita să le subliniezi cu predilecţie. Orice rezultate diferite faţă de literatură vor trebui explicate în mod obligatoriu.

Atenţie! Nu confunda rezultatele cu spectrul concluziilor! Rezultatele reprezintă strict şi simplist doar ilustrarea output-urilor generate prin analiză, pe când concluziile încearcă să îmbrace aceste rezultate cu explicaţii şi interpretări economice mult mai profunde.

5/ Concluziile, nedepăşind 1 pagină, sunt ultima redută a cercetării tale, foarte importantă, şi urmează, în ordine, secţiunea de "Rezultate".

În debut, se reiterează principalele obiective ale cercetării, subiectul ţintă şi perioada analizată, precum şi importanţa topicului pentru literatură.

Urmează partea în care se dau explicaţii şi interpretări rezultatelor obţinute. Aici, nu apela niciodată la rezultate sau afirmaţii pe care nu le-ai probat în secţiunea "Rezultate". Rezumă-te strict numai la rezultatele tale! Nu poţi avea drept concluzii intuiţiile şi părerile tale cu privire la un fenomen sau proces economic.

De asemenea, o greşeală frecventă este aceea de a considera drept concluzie un rezultat! Evită, deci, să iei drept concluzie cifre sau indicatori generaţi de analiză (e.g. o concluzie prost formulată este de a afirma faptul că: "principala concluzie este aceea că PIB creşte anual cu 3.56%").

Secţiunea se încheie cu implicaţiile politice ale cercetării tale, adică cu ceea ce se recomandă pe problematica subiectului ţintă sub aspectul politicilor în general. Nu uita că o cercetare este necesară doar dacă aceasta foloseşte unui scop anume! Deci! Trebuie să arăţi cum şi cui foloseşte ceea ce tu ai făcut (e.g. gospodăriilor, companiilor, guvernelor, ONG, organismelor internaţionale etc.). Prezintă recomandările tale în materie de politică adresanţilor şi oferă-le toate detaliile de care aceştia au nevoie pentru a soluţiona problema centrală identificată prin topic.

Fireşte, dacă sunt limite ale demersului tău de cercetare, nu ezita să le precizezi. La fel de importante sunt şi viitoarele direcţii de cercetare pe care ţi le propui sau le propui comunităţii ştiinţifice în general.

Conţinutul comentariului

Conţinutul comentariului este în general la latitudinea autorului sau poate să aibă o structură pe trei secţiuni:
- introducerea;
- demonstraţia şi
- concluziile.

În această ultimă formă, succesiunea părţilor urmează o formă atipică sub aspectul conţinutului.

1/ Introducerea, spre deosebire de introducerea de la un articol de cercetare, trebuie să fie una foarte scurtă, de câteva fraze. Aici trebuie să faci referire la articolul comentat, efectuând o scurtă descriere a acestuia şi, în special, a principalelor rezultate desprinse. Nu trebuie să intri în foarte multe detalii căci publicul interesat se poate îndrepta cu foarte mare uşurinţă spre originalul publicat al manuscrisului.

Focalizează-te să faci comentarii asupra articolelor publicate şi nu asupra celor de tip "working paper", care sunt bazate pe rezultate nefiltrate de recenzorii specializaţi.

2/ Demonstraţia reprezintă secţiunea principală a conţinutului unui comentariu şi se întinde pe cea mai mare parte a acestuia. Debutează cu principala critică adusă rezultatelor, cu motivarea şi cu localizarea clară a "carenţei" identificate care a declanşat lupta de idei (eng. debate). Mai apoi, continuă cu raţionamentul care stă la baza argumentelor aduse, astfel încât toţi cititorii, dar şi autorii originali ai articolului, să înţeleagă critica adusă şi demonstrarea acesteia.

Finalul secţiunii este rezervat soluţionării problematicii identificate la care, foarte mulţi autori, mai adaugă, pornind tocmai de la critica făcută, şi viitoarele direcţii de cercetare.

3/ Concluziile încheie comentariul şi rezumă, în câteva cuvinte, principala critică adusă articolului comentat şi modul de soluţionare a acesteia, la care se adaugă, foarte pe scurt, dacă este cazul, viitoarele direcţii de cercetare identificate.

După cum se observă, comentariul este o formă atipică de articol care conţine de fapt poziţia ştiinţific argumentată a unui cercetător cu privire la rezultatele obţinute şi publicate în fluxul publicistic de un alt autor.

Conţinutul review-ului

Conţinutul unui review este asemănător cu cel al unui articol de cercetare, cu diferenţa că nu există secţiunea de literatură. Practic, review-ul are structura:
- introducere;
- metodă şi date;
- rezultate, precum şi
- discuţii şi concluzii.

1/ Introducerea este prima secţiune a unui review, de maxim 2-3 pagini, şi debutează cu aceeaşi "frază de atac" ca şi în cazul unui articol de cercetare, pentru a pune cititorul în legătură cu importanţa şi oportunitatea studierii topicului ales. Urmează apoi să motivezi subiectul ales, oferind toate detaliile necesare (e.g. oferirea de argumente pentru alegerea efectuării unui review al modelelor de creştere economică într-o ţară).

Mai departe, va trebui să reliefezi plusul adus literaturii prin cercetarea ta. Nu uita faptul că şansele de publicare cresc pe măsură ce review-ul tău are contribuţii majore la literatura de profil existentă.

Finalul secţiunii este rezervat prezentării pe

scurt a structurii review-ului.

2/ Metoda şi datele reprezintă secţiunea ce succede „Introducerii" şi are menirea de a oferire informaţii amănunţite cu privire la tool-ul selectat pentru a analiza literatura recenzată şi pentru a descrie datele utilizate.

Nu uita să motivezi alegerea metodei şi să arăţi de ce aceasta este considerată superioară celor existente şi celor uzual folosite în asemenea demersuri. Pare ciudat că există metode de explorare şi pentru review-uri însă literatura în materie este mai mult decât generoasă în acest sens.

Datele cu care se operează sunt, de cele mai multe ori, construcţii numerice proprii, adică vectorul statistic al codificării articolelor considerate pentru recenzare sub aspectul: sub-topicului, subiectului, perioadei de studiu şi metodologiei folosite. În mod uzual, datele se prezintă tabelar şi sunt însoţite de referinţele bibliografice aferente, de felul celor întâlnite în corpul de text.

3/ Rezultatele reprezintă întruchiparea literaturii de la articolele de cercetare şi urmează secţiunii de "metodă şi date", fiind esenţa unui review. Aici sunt două direcţii pe care trebuie să le urmezi: prima este aferentă prezentării rezultatelor degajate prin aplicarea metodei şi datelor pentru care ai optat, iar cea de-a doua se referă practic la o recenzie a literaturii de mare amploare. Prima direcţie este de fapt o transpunere statistică a literaturii ţintă, pe când cea de-a doua urmează aceleaşi jaloane ca şi în cazul unui articol de cercetare. Subsumate, rezultatele trebuie să conţină propria ta analiză şi viziune critică cu privire la literatura existentă a topicului ţintă. Atenţie! Rezultatele nu sunt un sumar ar articolelor pe care le-ai identificat!

4/Discuţiile şi concluziile dau esenţă secţiunii de final a unui review, fiind recomandabil de maxim 1 pagină.

Aici se va reitera principalul obiectiv al review-ului şi punctele majore, de cotitură, identificate în literatura de profil prin recenzia efectuată. Nu uita să pui în valoare importanţa cercetării tale în contextul dat. Fireşte, finalul concluziilor este rezervat clarificării viitoarelor direcţii de cercetare, cu discutarea principalelor aspecte care nu au fost tranşate pe deplin în literatură sau care pur şi simplu nu au fost atacate niciodată.

Conținutul eratei

Conținutul eratei este la latitudinea autorului sau editorului și este focalizat, într-un singur corp de text, pe corecțiile sau lămuririle care trebuie aduse unui articol deja publicat în aceeași revistă. În debut, se specifică toate detaliile de identificare ale articolul "supus" eratei și, mai apoi, se prezintă principala carență identificată după publicare (e.g. eroare, omisiune, trunchiere, denaturare etc.) sau se argumentează necesitatea inserării unor explicații adiționale, cu specificarea părții din articol în care acestea pot fi localizate.

În final, se precizează modul de corectare a carenței identificate sau locul unde, în articolul invocat, se vor insera explicațiile suplimentare.

Editarea

Editarea este o ultimă secvenţă cu care te confrunţi înainte de a da forma finală articolului tău. Nu trebuie să neglijezi acest pas, căci calitatea manuscrisului tău depinde în mare măsură şi de acest hop.

În cazul cel mai larg, în care manuscrisul tău va fi redactat într-o limbă de circulaţie internaţională (uzual limba engleză), există două etape ale editării:
- copy-editarea şi
- editarea de limbă.

1/ Copy-editarea (eng. copy-editing) este o etapă importantă pe care o parcurge un manuscris care are rolul de a da o anumită ţinută acestuia sub aspectul formei de prezentare. Procedura este apanajul unei persoane specializate, denumite copy-editor (eng. copy-editor). Firește copy-editorii sunt specializați pe domenii științifice. Prin urmare, există persoane specializate drept copy-editori și în domeniul economiei.

Etapa de copy-editare se face după redactarea de către autor a manuscrisului și vizează trei etape esențiale:
- îmbunătățirea formatării;
- conturarea stilului de redactare și
- ajustarea acurateței textului.

1a/ Formatarea reprezintă etapa în care copy-editorul dă o formă de prezentare manuscrisului în conformitate cu standardele întâlnite în literatură. Sunt vizate marginile manuscrisului, mărimea și tipul caracterelor folosite pentru pagina de titlu, conținutul, anexele și apendicele, dar și orice alte detalii care țin de imaginea vizuală a articolului.

1b/ Stilul de redactare presupune totalitatea ajustărilor aduse manuscrisului prin corectarea ortografiei (eng. spelling), punctuației (eng. punctuation), gramaticii (eng. grammar), terminologiei folosite (eng. terminology), jargonului (eng, jargon), precum și a semanticii sau sintaxei (eng. semantics, syntax).

1c/ Acurateţea textului este etapa în care copy-editorul se îngrijeşte ca textul să aibă o înaltă ţinută lingvistică astfel încât, prin lecturare, să permită o transmitere cât mai uşoară şi mai clară a înţelesului rezultatelor către cititorul interesat.

În general, aceste stagii de editare ale manuscrisului sunt parcurse în vederea pregătirii acestuia pentru testarea pe „piaţă" şi mult mai apoi pentru publicare. Atenţie! Este recomandabil să te gândeşti la publicare numai după ce ai "ars" câteva etape obligatorii în cercetarea de vârf!

În mod curent, între stagiul de editare şi stagiul de trimitere spre o potenţială publicare într-o revistă mai sunt parcurse câteva secvenţe în care manuscrisul îmbracă cronologic formele:
- articol draft;
- working paper şi
- articol în versiune finală.

i/ Articolul draft (eng. draft paper) relevă manuscrisul redactat şi filtrat prin copy-editare, fiind destinat prezentării în seminariile de laborator, meeting-urile de cercetare sau cercurile ştiinţifice. De regulă, la această formă, sub titlul articolul apare scrisă şi construcţia "draft version", la care mulţi autori mai adaugă şi data aferentă redactării.

Scopul prezentării în diverse manifestări științifice de mică amploare este acela de a disemina rezultatele cercetării tale în vederea obținerii unor feed-back-uri din partea colegilor. Cu această ocazie, în baza comentariilor, sugestiilor, observațiilor sau chiar a ideilor primite, vei avea șansa de a îmbunătăți substanțial cercetarea ta! Nu fi orgolios și acceptă faptul că orice remarcă îți poate crește calitatea articolului. În plus, nu uita ca la "acknowledgements" să treci numele celor care ți-au oferit feed-back-ul lor.

ii/ Working paper-ul relevă a două formă pe care o îmbracă un manuscris editat și este rezultatul ajustărilor ocazionate de "filtrarea" manuscrisului la întâlnirile științifice de mică amploare, așa cum am văzut la punctul anterior.

O particularitatea foarte importantă este dată de faptul că working paper-ul este prima formă oficială a unui manuscris, fiind inclusă contorizat în seriile speciale de working paper ale marilor universități, centre sau organisme de cercetare (e.g. una dintre cele mai celebre serii de working papers-uri este NBER Working Papers[2]). Aceste

---

[2] NBER Working Papers este acronimul pentru National Bureau of Economic Research Working Papers. Detalii se pot obține la adresa web: http://www.nber.org.

serii oficiale sunt practic baze de date în care sunt arhivate working papers-uri şi care oferă în plus autorului protecţie pentru drepturile de autor.

Pe toată durata stadiului de working paper, manuscrisul trebuie "rulat" la diferite congrese, conferinţe, simpozioane sau colocvii ştiinţifice, interne şi internaţionale. Preferabil este să te focalizezi pe manifestările care sunt pe topicul articolului. Şi în acest caz, scopul este acela de a obţine noi feed-back-uri care să îţi permită să îmbunătăţeşti calitatea cercetării tale.

iii/ Articolul în versiune finală este de fapt forma actualizată a unui working paper, rezultată pe seama ajustărilor efectuate în baza feed-back-urilor primite la congrese, conferinţe, simpozioane sau la alte manifestări ştiinţifice de mare amploare.

2/ Editarea de limbă (eng. langauge-editing) se referă la verificarea şi corectarea unui articol redactat într-o limbă de circulaţie internaţională. Aici este de la sine înţeles că articolul, înainte de a fi trimis spre editarea de limbă, trebuie tradus (preferabil este să îl scrii tu, direct, în limba vizată).

Editarea de limbă este realizată de persoane

specializate în astfel de servicii (eng. language-editor), native și cu experiență în domeniul de cercetare considerat.

Sub nici o formă nu încerca să "dregi" această etapă cu corectări efectuate de persoane nenative și nespecializate în domeniu! La orice editură respectabilă, o sa ai nedorita surpriză ca articolul tău să fie respins! De cele mai multe ori, pentru articolele în limbă străină, cele două etape ale editării se suprapun.

Odată definitivat, articolul în versiune finală, fie aceasta și într-o limbă de circulație internațională, poate fi pregătit pentru trimiterea în vederea considerării spre publicare în revistele de specialitate.

Publicarea

Publicarea reprezintă etapa de încununare cu succes a activităţii de cercetare prin care îţi faci cunoscute rezultatele, dar prin care îţi creşti atât vizibilitatea, cât şi notorietatea ştiinţifică ca şi cercetător.

Trei aspecte le consider esenţiale a fi cunoscute în demersul de publicare:
- selectarea revistei;
- stadiile publicării şi;
- anunţarea publicării.

Selectarea revistei

Înţelegerea chestiunii selectării revistei în vederea publicării este un aspect crucial în maximizarea șanselor de publicare. Numai cu o strategie foarte bine pusă la punct poți obține efectele scontate.

Fără pretenția de a fi reguli, câteva secvențe sunt recomandabile de a fi parcurse în stabilirea revistei "țintă":
- identificarea revistelor care sunt pe sau au declarat topicul vizat pentru publicare și
- eliminarea revistelor "pirat".

1/ Identificarea revistelor care sunt pe sau au declarat topicul vizat de cercetarea ta se face foarte ușor, apelând la bazele internaționale de indexare. Sunt utile aici ISI Thomson Web of Science (nu confunda acronimul ISI Thomson cu cele pe care le reclamă, sub forma scurtă 'ISI', o serie de baze de indexare de calitate îndoielnică) și Scopus. De asemenea, pot fi accesate și alte platforme sau edituri care pun la dispoziția cititorilor articole de calitate bună (e.g. ScienceDirect, Springer, Jstore, Taylor & Francis, Sage, Emerald etc.).

Majoritatea dintre acestea oferă posibilitatea unor căutări pe domenii, pe subdomenii sau chiar după cuvinte cheie și coduri JEL.

Chiar și dacă revistele sunt regăsite în lista ISI Thomson, ia-ți câteva măsuri de precauție și evită pe acelea care:

- au taxe de trimitere şi publicare mari (peste 150 Euro);

- au autori care abundă în autocitări sau citează în general numai anumite reviste (se numesc citări încrucişate şi au menirea de a creşte artificial factorul de impact al revistei);

- publică articole şi din alte domenii decât cele declarate prin titlu şi obiectiv;

- nu sunt specializate (poţi ţinti şi reviste pluridisciplinare, dar trebuie să fi atent la calitatea editorilor) sau

- publică multe articole pe număr, cu foarte mulţi co-autori per articol (i.e. mai mult de 4-5 co-autori).

Majoritatea acestor reviste vor fi mai devreme sau mai târziu penalizate de Thomson Reuters şi astfel poţi pierde puncte importante la imaginea profesională.

Dacă totuşi însă optezi pentru edituri mai puţin celebre, atunci trebuie să te asiguri că revistele găsite (pe internet, cu orice motor de căutare) oferă o minimă calitate a articolelor publicate.

Evită revistele care:

- nu sunt specializate (poţi conta şi aici pe revistele pluridisciplinare, dar trebuie să ţii cont de calitatea editorilor);

- promit perioadă scurtă de publicare;
- invocă diferite indexări care în realitatea nu sunt autentice (preferabil este să le verifici veridicitatea indexărilor şi ai grijă la cele declarate strict 'ISI');
- au taxe de trimitere sau publicare ridicate (e.g. peste 150 Euro);
- prezintă un board editorial cu majoritatea membrilor de aceeaşi naţionalitate şi/sau foarte stufos;
- publică articole cu majoritatea autorilor de aceeaşi naţionalitate;
- nu au editori cu probitate profesională recunoscută (se poate verifica foarte uşor asta pe baza CV şi a listelor de lucrări disponibile pe internet);
- au editori care nu sunt vizibili deloc pe internet;
- sunt arondate unor universităţi sau organisme de cercetare modeste;
- abundă în numere speciale (eng. special issues);
- sunt legate de conferinţe cu frecvenţă mare de organizare, în diverse colţuri ale lumii şi program social foarte bogat;
- nu au ISSN şi/sau le lipsesc elementele de identificare clasice (misiune, bord editorial, instrucţiuni pentru autori, informaţii pentru recenzori, adresă de contact, lista de indexări,

etica de publicare etc.);

- publică articole şi din alte domenii decât cele declarate prin titlu şi obiectiv;

- au autori care excelează în autocitări sau citează în general numai anumite reviste (i.e. aceste citări încrucişate au scopul de a creşte factorul de impact al revistei);

- au website-uri foarte încărcate vizual sau

- publică un volum mare de articole pe număr, cu foarte mulţi co-autori per articol (i.e. mai mult de 4-5 co-autori).

În fine, un alt truc de selectare a revistei ţintă este să te focalizezi pe revistele în care au publicat autorii citaţi de tine în lista de referinţe bibliografice. În multe cazuri, acest reper se dovedeşte a fi unul de foarte bun augur.

2/ Eliminarea revistelor "pirat" (eng. fake journals) este o ultimă etapă în selecţia revistelor prin care trebuie să verifici în ce măsură revistele targetate sunt ... reviste autentice.

Culmea este faptul că, în ultimii ani, datorită dezvoltării internetului, o serie de reviste, în general de prestigiu, au căzut pradă unor practici ilegale (eng. hijacked), prin care acestea sunt replicate de diferite website-uri pirat.

Revistele promovate acolo sunt realizate în "oglindă" cu cele autentice fiind de fapt excrocherii care au menirea de a frauda financiar potențialii autori creduli. Deci, toate aceste reviste există în realitate, sunt autentice, dar au câte "o soră vitregă", rea intenționată.

Bun! Cum se deosebesc revistele autentice de cele pirat? Deși comparația este adeseori greu de făcut, sunt câteva repere de care este bine să ții cont:

- revistele nu aparțin unor edituri celebre;
- sunt reviste arondate unor universități sau organisme de cercetare de prestigiu;
- revista originală apare, de regulă, numai în format "print";
- sunt adesea indexate ISI Thomson;
- nu coincid articolele indexate ISI Thomson cu cele publicate în revista suspectă;
- board-ul editorial al versiunii piratate este compus din persoane care fie nu există în realitate (sunt inventate), fie sunt din arii diferite de cercetare;
- răspunsul de accept la publicare în cazul revistei piratate se obține în numai câteva zile sau
- taxele pretinse la trimitere, publicare și acces pentru lecturare la revista fake sunt foarte mari.

Practica internaţională relevă cel puţin trei cazuri celebre de reviste "victime", pe care din raţiuni de deontologie profesională şi descurajare a unor asemenea practici ilegale, le facem cunoscute:

- revista Wulfenia: cu adresa web a sitului original la "http://www.landesmuseum.ktn.gv.at/210226w_DE.htm?seite=15" şi cu a celui piratat la "http://www.multidisciplinarywulfenia.org/";

- revista Jökull: cu adresa web originală la "http://jokulljournal.is" şi cu cea pirat la "http://www.jokulljournal.com", precum şi

- revista Archives des sciences: cu adresa originală la "http://www.unige.ch/sphn/" şi cea piratată le adresa" http://www.archiveofscience.com/".

După ce ai reuşit să selectezi revistele ţintă, urmează să te focusezi pe una dintre acestea în vederea publicării. Dacă nu ai o experienţă de publicare foarte mare, este bine să ataci la început reviste mai modeste calitativ iar mai apoi să le ţinteşti pe cele cu ranking-uri mai ridicate.

Stadiile publicării

După ce ai selectat revista în care dorești publicarea, un pas important este cel de relaționare editorială cu board-ul revistei țintă. Deși ignorat de foarte mulți autori, modul în care dialogăm cu revista este, de asemenea, foarte important, dacă nu crucial în demersul de publicare.

În mod concret, sunt în general 7 etape pe care un manuscris le parcurge din momentul trimiterii spre publicare și până în momentul publicării efective, firește dacă totul decurge normal:
- stadiu "trimis la revistă";
- stadiul "cu editor";
- stadiul "sub recenzie";
- stadiul "sub revizie";
- stadiul "așteptare decizie editor";
- stadiul "în curs de publicare" și
- stadiul "publicat".

Dacă manuscrisul nu are calitatea pentru a fi acceptat spre publicare, atunci stadiul de "respingere" (eng. rejected) poate să aibă loc fie după stadiul "cu editor" sau, mai frustrant, după stadiile "sub recenzie" sau "sub revizie".

1/ Stadiu "trimis la revistă" (eng. with journal) este prima secvenţă în demersul de publicare. În mod concret, în acest caz, se pregăteşte manuscrisul în conformitate cu criteriile stabilite de revistă şi se trimite spre publicare.

Fii extrem de atent şi respectă regulile de conduită profesională şi de etică în publicare care fie sunt declarate expres de revistă, fie sunt unele unanim acceptate la nivel internaţional[3]. Dacă trimiţi spre publicare manuscrise deja publicate, în curs de publicare sau care sunt deja trimise spre recenzare la alte reviste, cariera ta academica la nivel internaţional s-a cam terminat! Şi mai grave sunt cazurile de plagiat (eng. plagiarism) şi auto-plagiat[4] (eng. self-plagiarism)! Majoritatea editurilor şi organizaţiilor internaţionale în materie duc o luptă continuă cu practicile neortodoxe amintite[5]! Din nefericire, România ocupă poziţii de top prin numărul mare de plagiate demonstrate la nivel internaţional.

---

[3] Pentru detalii, accesează pagina web a Committee on Publication Ethics (COPE), la adresa
http://publicationethics.org.
[4] O bună explicaţie a fenomenului o dă Universitatea Oxford la
https://www.ox.ac.uk/students/academic/guidance/skills/plagiarism?wssl=1.
[5] Consultă, spre exemplu, https://plagiarism.repec.org.

Ansamblul instrucţiunilor privind pregătirea manuscrisului este specificat de revistă la rubrica intitulată "ghid pentru autori" (eng. guide for authors). Toate detaliile trebuie respectate "cu sfinţenie" căci orice rabat de la acestea va aduce refuzarea articolului. Majoritatea revistelor actuale au platforme online care uşurează foarte mult atât munca editorilor, cât şi pe cea a autorilor.

O mare atenţie trebuie acordată modului de trimitere a manuscrisului care, în general, va cuprinde mai multe componente (i.e. fişiere electronice, pentru revistele care publică şi online): scrisoarea către editor (eng. letter to editor), manuscrisul fără numele autorilor (eng. blank manuscript), pagina de titlu (eng. title page), precum şi materialele suplimentare (eng. supplementary materials), dacă este cazul.

Scrisoarea către editor este un document în care autorul se adresează editorului revistei, aducându-i la cunoştinţă trimiterea manuscrisului. Se specifică aici numele celorlalţi co-autori (dacă este cazul), titlul articolului, obiectivul cercetării, precum şi principalele rezultate obţinute. Fireşte, în final se mulţumeşte cu un limbaj de profundă politeţe.

După ce toate documentele de mai sus au fost

pregătite, dacă revista are interfaţă online, trimiterea efectivă are loc prin accesarea rubricii "trimitere" (eng. submit your paper, submit online) sau prin trimiterea manuscrisului la adresa de email menţionată pe pagina web. Dacă revista nu are platformă online, atunci trimiterea se va face prin apelarea la servicii poştale convenţionale.

Nu în ultimul rând, trebuie avute în vedere şi condiţiile financiare ale trimiterii, multe reviste condiţionând acceptarea spre publicare de plata unei taxe.

2/ Stadiul "cu editor" (eng. with editor) succede stadiului de trimitere spre publicare şi este o secvenţă în care editorul revistei realizează o primă lecturare a manuscrisului. Dacă se consideră că cercetarea are potenţial de publicare, editorul fie va desemna recenzorii care vor analiza şi evalua manuscrisul, fie va trimite articolul unui editor asociat, specializat pe topicul articolului, care la rându-i va analiza şi numi recenzorii.

Dacă însă manuscrisul nu este pe tematica revistei sau dacă nu are o calitate suficientă pentru a fi publicat, atunci acesta va fi respins.

Când cercetarea este una cu totul remarcabilă, se

poate întâmpla, foarte rar însă, ca editorul să tranşeze publicarea manuscrisului deja din acest stadiu (se foloseşte expresia "publicare din editor").

3/ Stadiul "sub recenzie" (eng. under review) este unul de durată (în general de 6-12 luni), în care manuscrisul este analizat şi evaluat de către 1 până la 3 recenzori desemnaţi de board-ul editorial. Fiecare dintre ei va realiza o recenzie în care va da o rezoluţie, care poate fi:
- acceptat spre publicare (eng. accepted for publication);
- acceptat spre publicare cu revizie minoră (eng. minor revision);
- acceptat spre publicare cu revizie moderată (eng. moderate revision);
- acceptat spre publicare cu revizie majoră (eng. major revision);
- respins cu re-trimitere (eng. reject and resubmit) şi
- respins (eng. rejected).

După ce recenziile au fost trimise revistei, pe baza rezoluţiilor date de recenzori, editorul sau editorul asociat va stabili dacă manuscrisul va fi publicat (se consideră aici stadiul "aşteptare decizie editor"), va fi trimis spre revizie sau va fi respins.

Pentru manuscrisele acceptate la revizie, autorii vor primi de la editor toate rapoartele întocmite de recenzori (eng. referee report sau review report).

4/ Stadiul "sub revizie" (eng. under revision) este de fapt un interval de timp în care autorul trebuie să răspundă şi să ajusteze cercetarea potrivit recomandărilor date de recenzori. Este crucial să răspunzi la toate comentariile recenzorilor şi, ca un fapt important, să nu intri în polemici cu ei, chiar dacă unele aprecieri sau recomandări te deranjează, sunt exagerate sau imposibile de soluţionat. Nici nu mai trebuie amintit faptul că limbajul licenţios este strict interzis!

După ce ai finalizat revizia, aceasta trebuie trimisă revistei în termen şi va cuprinde documentele: o scrisoare către editor în care se mulţumeşte de oportunitatea dată de a revizui manuscrisul, scrisori către recenzori cu informaţii clare privind modul în care s-a răspuns la comentarii, precum şi manuscrisul revizuit.

5/ Stadiul "aşteptare decizie editor" (eng. waiting editor decision) este o etapă în care editorul sau editorii asociaţi vor trimite manuscrisul revizuit din nou către recenzori pentru a vedea în ce măsură autorul a răspuns comentariilor lor. După feed-back-ul recenzorilor la revizie, editorul va tranșa final printr-o decizie de publicare sau de respingere. Aici mai există și posibilitatea ca decizia să fie una din nou de revizie (practic revizia a doua), iar ciclul aferent de recenzare să se reitereze.

6/ Stadiul ”în curs de publicare” (eng. in progress for publishing) este unul de împlinire profesională și vine pe fondul deciziei de publicare dată de editor anterior.

Principala activitate aici este una tehnică și poartă denumirea de ”handling”, în care o persoană desemnată de editură va aranja articolul în formatul final de publicare. Produsul brut al ”handling-ului” este ceea ce se numește ”proof-ul”, adică manuscrisul pus în forma de publicare și care mai trebuie verificat de autor pentru ultima dată. După verificări, ”proof-ul” va deveni articol final, gata spre a fi publicat efectiv.

A nu se neglija faptul că foarte multe reviste impun taxe la publicare care se plătesc după primirea acceptul la publicare al manuscrisului.

7/ Stadiul ”publicat” (eng. published) este ultima secvență a demersului de publicare, în care articolul apare în primă fază fie online, fie în format print. De foarte multe ori, unele reviste practică premergător publicării efective postarea online a articolului. În această ultimă situaţie, articolul are copertă şi detalii de identificare (i.e. ceea ce se numeşte digital object identifier, cunoscut sub acronimul „DOI"[6]), dar nu are alocat an, volum, număr şi pagini de publicare.

După ce articolul a fost publicat, rezultatele acestuia trebuie anunţate în mediul de cercetare economic pentru a fi cunoscute publicului interesat.

Anunţarea publicării

După publicarea articolul, un ultim efort este cel legat de promovarea publicării rezultatelor astfel încât comunitatea ştiinţifică să ia notă de acestea.

Nu trebuie neglijat acest pas căci creşterea vizibilităţii publicaţiei tale îşi va permite să îţi maximizezi numărul de citări, te va face cunoscut şi, de ce nu, îţi va crea perspective pentru eventuale noi colaborări. Nu în ultimul rând, publicitatea poate fi de bun augur şi pentru identificarea unor noi direcţii de cercetare.

---

[6] Pentru detalii vezi http://www.doi.org.

În general, anunţarea publicării o va face chiar editorul revistei, pe website-ul sau în cuprinsul revistei, fiind o formă de promovare uzuală şi foarte larg răspândită.

Totuşi, nu te costă nimic să anunţi tu însuţi publicarea articolului, printr-un email pe care îl poţi trimite tuturor colegilor tăi. În email precizezi titlul articolului, topicul cercetat şi principalele rezultate obţinute, precum şi celelalte detalii legate de revista în care ai publicat: denumirea revistei, volum, număr şi pagini. Evident, dacă articolul este electronic, de tipul "open access", poţi să ataşezi articolul şi să oferi link-ul unde acesta poate fi descărcat. Dacă însă articolul nu este "open access", sub nici o formă nu trimite colegilor formatul electronic sau copia scanată a articolul deoarece rişti să intri în conflict juridic cu editura.

O altă modalitate de creştere a vizibilităţii articolului tău este să îi postezi toate elementele amintite mai sus pe pagina ta web profesională sau personală. Nu uita şi aici de restricţiile privitoare la accesul la conţinutul articolului.

În ultima perioadă, tot mai mulţi cercetători au început să îşi promoveze rezultatele muncii de cercetare pe website-uri profesionale şi/sau de socializare.

Referințe bibliografice

https://www.aeaweb.org/econlit/jelCodes.php

http://www.doi.org

http://www.nber.org.

https://plagiarism.repec.org.

http://publicationethics.org.

https://www.ox.ac.uk/students/academic/guidance/skills/plagiarism?wssl=1.

Despre autor

Mihai Mutaşcu este profesor de economie publică la Facultatea de Economie şi de Administrare a Afacerilor (FEAA) din cadrul Universităţii de Vest din Timişoara şi cercetător asociat la Laboratorul de Economie din Orleans (LEO) din cadrul Universităţii din Orleans (France).

Mihai a publicat o serie de articole în reviste de prestigiu din străinătate, precum: International Review of Economics & Finance, Empirical Economics, Energy Economics, Economic Modelling, Renewable & Sustainable Energy Reviews, Journal of Economic Policy Reform, Journal of Applied Economics and Business Research, European Economics Letters, Management of Environmental Quality: An International Journal, Review of Economic Perspectives, Contemporary Economics, Economics Bulletin, Analisis Politico, Empirical Economics Letter sau Economic Analysis and Policy.